Reinhard Abeln

Die Taschenbibel zur Erstkommunion

REINHARD ABELN

URSULA HARPER

DIE TASCHENBIBEL

ZUR ERSTKOMMUNION

benno

Ein Wort zuvor

Die Bibel wird das „Buch der Bücher" genannt.
Warum? Weil in der Bibel das Wichtigste und
Wertvollste für alle Menschen und alle Zeiten
drinsteht. Wir Christen nennen sie auch die
„Heilige Schrift". Diesen Namen trägt sie, weil
in ihr Gott selbst zu uns spricht.
Zwar sind alle Geschichten der Bibel uralt, aber
sie haben bis heute ihre Bedeutung nicht ver-
loren. Die Sorgen und Wünsche
der Menschen heute unter-
scheiden sich kaum von den
Problemen und Hoffnungen der
Leute, von denen in der Bibel
erzählt wird. Damals wie
heute haben die Men-
schen Angst, sind manch-
mal gut und manchmal
böse, fühlen sich allein
und verlassen, sind mutig
und feige.
Auf jeder Seite der Bibel
wird deutlich, wie Gott

in den verschiedensten Situationen für die Menschen da ist; wie er ihnen hilft, auch mit schwierigen Problemen fertig zu werden; wie er die Menschen liebt und ihnen verzeiht, ganz egal, wie oft sie etwas Falsches tun.

Ich wünsche allen, die zu dieser Bibel greifen, viel Freude am außergewöhnlichsten, anregendsten und bedeutendsten Buch, das es je gegeben hat.

Reinhard Abeln

Inhalt

DAS ALTE TESTAMENT

DAS NEUE TESTAMENT

Inhalt

    8

DAS ALTE TESTAMENT

Geschichten über Gott und die Welt

Die Bibel beginnt mit dem Alten Testament. Man spricht auch vom „Ersten Bund" oder auch vom „Alten Bund". Im Alten Testament wird erzählt, was das Volk Israel erlebt hat, bevor Christus geboren wurde. Wir können darin lesen, wie Gott dieses Volk überall hin begleitete, wie er es durch gute und schlechte Zeiten führte, um ihm zu zeigen, dass er der einzige und wahre Gott ist.

Mit jeder Geschichte, die sich im Alten Testament findet, lernen wir Gott ein bisschen näher kennen:

- wie Gott die Erde erschuf;
- wie er Noach und seine Familie vor der Flut rettete;
- wie die Israeliten vierzig Jahre durch die Wüste wanderten;
- wie der kleine David den großen Goliat besiegte ...

Die Israeliten erzählten die Geschichten von ihrem Weg mit Gott lange Zeit mündlich weiter. Erst zur Zeit des Königs David begann man, die Geschichten aufzuschreiben. Das war ungefähr 1000 Jahre vor Christus. Die letzten Teile des Alten Testaments sind wohl im 2. Jahrhundert vor Christus entstanden. Die ältesten Handschriften (Buchrollen) hat man 1947/48 in den Höhlen von Qumran am Toten Meer gefunden.

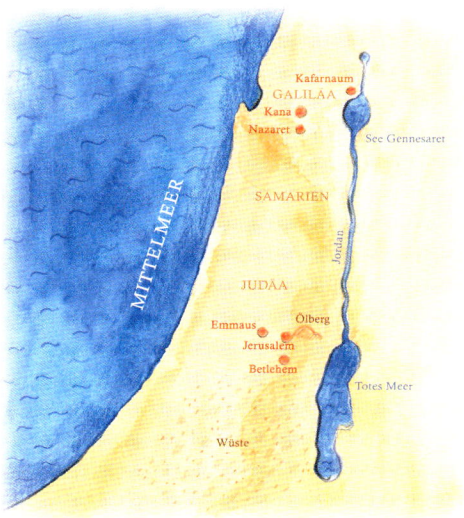

Gott erschafft Himmel und Erde

Am Anfang schuf Gott den Himmel und die Erde. Aber die Erde war wüst und leer. Es war dunkel und alles war von Wasser bedeckt. Aber Gott war da.

Gott sprach: „Es werde Licht." Und es wurde hell. Gott sah, dass das Licht gut war. Gott trennte das Licht von der Finsternis. Er nannte das Licht Tag und die Finsternis nannte er Nacht.
Es wurde Abend und es wurde Morgen. So wurde aus Abend und Morgen der **erste** Tag.

Dann sprach Gott: „Es soll ein festes Gewölbe entstehen mitten im Wasser." Gott nannte das Gewölbe Himmel.
Es wurde Abend und es wurde Morgen. So verging der **zweite** Tag.

Dann sprach Gott: „Das Wasser, das alles bedeckt, soll sich an den tieferen Stellen sammeln, damit das trockene Land zu sehen ist."

So geschah es. Gott nannte das Land Erde und das Wasser nannte er Meer. Er sah, dass es gut war. Dann sprach Gott: „Auf der Erde sollen frisches, grünes Gras und Kräuter wachsen. Es sollen Blumen und Pflanzen sprießen, die Samen tragen, und die Bäume sollen Früchte bringen." Da begrünte sich die Erde. Gott sah, dass es gut war.
Es wurde Abend und es wurde Morgen. So verging der **dritte** Tag.

Dann sprach Gott: „Es sollen Lichter am Himmel leuchten. Tag und Nacht sollen sie voneinander trennen. Ein Zeichen sollen sie sein, mit dem man Tage und Jahre und Feste bestimmen kann. So geschah es. Gott schuf die helle Sonne für den Tag und den Mond und die Sterne für die Nacht. Und er sah, dass es gut war.
Es wurde Abend und es wurde Morgen. So verging der **vierte** Tag.

Dann sprach Gott: „Im Wasser sollen sich lebendige Wesen tummeln und Vögel sollen über das Land dahinfliegen."

So schuf Gott die mächtigen Wale und die vielen Fische mit glänzenden Schuppen. Er schuf Vögel mit bunten Federn.

Gott sah, dass es gut war. Er segnete die Tiere und sprach: „Füllt das Wasser und die Erde mit Leben!"

Es wurde Abend und es wurde Morgen. So verging der **fünfte** Tag.

Dann sprach Gott: „Auch auf der Erde sollen Tiere leben." Er schuf die Elefanten, die Löwen, die Tiger. Er schuf die glänzenden Käfer und stacheligen Igel, die Rehe und Hasen und die Schafe mit ihrem weichen Fell. Gott sah, dass es gut war.

Dann sprach Gott: „Ich will Wesen schaffen, die mir ähnlich sind. Ich will ihnen die Fische des Meeres, die Vögel des Himmels und alle Tiere auf der Erde anvertrauen." So schuf Gott den Menschen, einen Mann und eine Frau, nach seinem Bilde.

Gott segnete sie und sprach: „Als Mutter und Vater schaffe ich euch. Ihr werdet Kinder bekommen und überall auf der Erde leben dürfen. Alles vertraue ich euch an: die Pflanzen auf der Erde und die Bäume mit ihren Früchten, die Fische, die Vögel und alle übrigen Tiere. Geht sorgsam damit um und hütet und pflegt, was ich in eure Hände gelegt habe!"

Gott sah alles an, was er geschaffen hatte. Es war sehr gut.

Es wurde Abend und es wurde Morgen. So verging der **sechste** Tag. Himmel und Erde wurden vollendet.

Am **siebten** Tag ruhte Gott von seinem Werk. Er segnete den siebten Tag und sprach: „Diesen Tag sollt ihr heilighalten und Gott danken für alle seine Gaben."

Genesis 1,1 – 2,4a

Ein Paradies für die Menschen

Gott pflanzte für die Menschen einen schönen bunten Garten: den Garten Eden, das Paradies. Er ließ Blumen mit duftenden Blüten und Bäume mit köstlichen Früchten wachsen und Quellen hervorsprudeln. In der Mitte des Gartens pflanzte Gott den „Baum der Erkenntnis". Diesen Garten schenkte Gott den ersten Menschen, Adam und Eva.

Gott sagte: „Ihr sollt den Garten hüten und pflegen. Von allen Bäumen des Gartens dürft ihr essen. Nur von dem Baum Gottes, dem Baum, durch den man Gutes und Böses erkennt, dürft ihr nicht essen. Wenn ihr davon esst, werdet ihr sterben."

Eva freute sich an den duftenden Blumen und an den köstlichen Früchten. Sie schaute empor zu dem hohen Baum in der Mitte des Gartens. Da vernahm sie eine zischelnde Stimme. Das war die listige Schlange. Die war schlauer als alle anderen Tiere im Garten. Die Schlange sagte zu Eva: „Hat Gott euch wirklich verboten, von den Früchten des Gartens zu essen?" Eva antwortete: „Nein! Wir dürfen von den Früchten der Bäume essen. Aber Gott hat gesagt: Von den Früchten des Baumes in der Mitte des Gartens dürft ihr nicht essen. Sonst werdet ihr sterben." Darauf sagte die Schlange: „Glaubt das nicht! Ihr werdet nicht sterben. Sobald ihr davon esst, werdet ihr klug sein und alles verstehen. Ihr werdet wie Gott sein. Ihr werdet erkennen, was gut und was böse ist und alles wissen, genau wie Gott." Da schaute Eva die köstlichen Früchte im dem dichten Laub des Baumes an. Wie sie glänzten und dufteten! Es verlockte sie, davon zu essen. Sie pflückte eine Frucht und biss hinein. Sie gab auch ihrem Mann Adam ein Stück und er aß es. Da erkannten beide, dass sie nackt waren, und schämten sich. Sie sammelten Blätter und bastelten sich Kleidung.

Der Wind fuhr durch die Bäume und Adam und Eva hörten, dass Gott kam. Da versteckten sie sich vor ihm. Gott rief Adam: „Wo bist du?" Adam antwortete: „Ich hörte dich kommen

und habe mich versteckt, weil ich nackt bin." Da sagte Gott: „Woher weißt du, dass du nackt bist? Hast du etwa von den Früchten des Baumes gegessen, die ich dir verboten habe?" Adam antwortete: „Eva hat mir die Frucht gegeben." Da sagte Gott zu ihr: „Warum hast du das getan?" Eva antwortete: „Die Schlange hat mich überredet. Sie ist schuld!" Da sagte Gott zu der Schlange: „Zur Strafe wirst du ab jetzt auf dem Bauch herumkriechen müssen." Zu Adam und Eva sagte Gott: „Ihr dürft nicht mehr in diesem schönen Garten leben. Hart sollt ihr arbeiten ein Leben lang." So vertrieb Gott die Menschen aus dem Paradies. Sein Wächter, der Engel mit dem Flammenschwert, bewachte nun den Eingang und den Weg zum Baum des Lebens.

Doch Gott hatte die Menschen immer noch lieb und schenkte ihnen seinen Schutz und Segen.

Genesis 2,4b – 24

Kain erschlägt seinen Bruder Abel

Adam und Eva lebten nun nicht mehr im Garten des Paradieses. Sie bekamen Kinder. Die Söhne hießen Kain und Abel.

Kain wurde Ackerbauer; er säte und erntete auf seinen Feldern. Sein Bruder Abel wurde Hirte. Er kümmerte sich um die Schafe, Ziegen und Rinder und zog mit ihnen von Weideplatz zu Weideplatz.

Eines Tages trug Kain Steine zusammen und baute einen Altar, denn er wollte Gott danken. Darauf legte er Früchte und Gemüse und brachte sie Gott zum Opfer dar. Auch Abel errichtete einen Altar. Aber er schlachtete ein Schaf aus seiner Herde.

Gott freute sich über Abel und sein Opfer. Aber Kain und sein Opfer beachtete er gar nicht.

Da wurde Kain sehr zornig. Er dachte: „Gott hat nur Abel lieb, mich schaut er gar nicht an."

Er schaute wütend zu Boden.

Gott sagte zu ihm: „Warum

bist du so wütend? Warum schaust du auf den Boden? Wenn du gut bist, darfst du zu mir hochschauen. Aber wenn du böse bist, dann wird etwas Schlimmes passieren. Du solltest nicht so wütend sein!"

Aber Kain hörte nicht auf Gott. Er war zornig und neidisch auf seinen Bruder Abel. Er sagte zu ihm: „Komm, wir wollen zusammen aufs Feld gehen!" Als sie draußen auf dem Feld waren, fiel Kain über Abel her und schlug ihn tot. Gott hatte alles gesehen und fragte Kain: „Wo ist dein Bruder?" Kain antwortete: „Ich weiß es nicht! Soll ich meines Bruders Hüter sein? Muss ich immer auf ihn aufpassen?" Gott sagte: „Was hast du nur getan? Ich weiß, dass du deinen Bruder umgebracht hast. Darum werde ich dich bestrafen: Du musst dein Haus und dein Feld verlassen. Von jetzt an wirst du kein richtiges Zuhause mehr haben, sondern musst von Ort zu Ort ziehen. Nirgends kannst du bleiben!"

Da bekam Kain große Angst und rief: „Herr, das kann ich nicht ertragen. Wie ein Verbrecher muss ich mich vor dir und den Menschen verstecken. Wie ein Flüchtling werde ich nirgendwo zu Hause sein. Jeder, der mich findet, kann mich töten." Da hatte Gott Mitleid mit Kain. Er zeichnete ihm ein Zeichen seines Schutzes auf die Stirn. Niemand durfte ihn töten, auch wenn er nicht mehr in der Nähe Gottes lebte.

Genesis 4,1–15

Noach und die große Flut

Immer mehr Menschen lebten auf der Erde.
Aber Gott sah, dass die Menschen nicht gut
miteinander umgingen. Sie fingen an zu stehlen, zu betrügen, zu streiten und zu töten.
Da wurde Gott traurig. Er sagte: „Länger kann
ich das nicht mit ansehen. Ich werde die Menschen, die ich erschaffen habe, von der Erde
verschwinden lassen. Und auch das Vieh, die
Eidechsen und die Vögel sollen sterben. Denn
ich bereue es, dass ich sie gemacht habe." Er
beschloss, eine große Flut über die
Erde zu schicken.

Nur Noach, ein gerechter und guter Mann, lebte so, wie es Gott
gefiel. Mit ihm hatte Gott Mitleid
und er wollte ihn retten.
Da sagte Gott zu Noach: „Voller
Gewalt ist die Erde. Ich werde die
Erde und alle Lebewesen vernichten. Bald
kommt ein großer Regen und vernichtet alles
Leben. Du aber, Noach, sollst gerettet werden. Bau dir ein großes Schiff aus Holz: Drei

Stockwerke soll das Schiff haben und ein Dach. Dichte das Holz innen und außen mit Pech ab, damit kein Wasser hineinkann! Dann will ich eine große Flut über die Erde schicken. Alle Lebewesen werden sterben. Aber dir gebe ich ein Versprechen. Du und deine Frau, deine Söhne und ihre Frauen und Kinder, deine ganze Familie soll gerettet werden. Führe auch die Tiere hinein in die Arche, von jeder Art ein Männchen und ein Weibchen! Ich will, dass sie am Leben bleiben. Und nimm genug Futter für die Tiere und Nahrung für die Menschen mit!"

Noach tat, was Gott ihm sagte. Mit seinen Söhnen baute er ein großes Schiff, die Arche. Er führte die Tiere hinein in die vielen Kammern des gewaltigen Schiffes: die großen Elefanten und die kleinen Mäuse, die flinken Antilopen und die langsamen Schnecken. Und auch die zwitschernden großen und kleinen Vögel kamen herbei, von jeder Art immer ein Paar. Als alle Lebewesen in der Arche waren, folgte Noach mit seiner Frau, seinen Söhnen und ihren Familien. Dann schloss Gott selbst die Tür hinter ihnen zu.

Als sieben Tage vergangen waren, verdunkelte sich der Himmel und es regnete in Strömen. 40 Tage und 40 Nächte lang. Das Wasser schwoll an und überflutete die Erde. Alle Menschen und Tiere starben, nur Noach und die Menschen und Tiere in seiner Arche wurden verschont. Die Arche schwamm sicher auf dem Wasser.

Hundertfünfzig Tage lang bedeckte das Wasser die Erde. Da dachte Gott an Noach und an die Tiere, die in der Arche waren.

Der Regen hörte auf und Gott ließ einen Wind über die Erde wehen und das Wasser begann langsam wieder zu sinken. Nach vierzig Tagen öffnete Noach das Fenster der

Arche und hielt vom Schiff Ausschau. Es war nichts als Wasser zu sehen – keine Häuser, keine Bäume, keine Berge, nichts! Da ließ Noach eine Taube fliegen. Die Taube aber fand noch keinen Halt für ihre Füße und kehrte zurück. Noach wartete sieben Tage und ließ die Taube ein zweites Mal hinausfliegen.

Gegen Abend kam die Taube zurück und in ihrem Schnabel hatte sie einen frischen Olivenzweig. Jetzt wusste Noach, dass das Wasser zurückging. Er wartete noch einmal sieben Tage und ließ die Taube wieder hinausfliegen. Diesmal kehrte sie nicht mehr zu ihm zurück. Die Erde war trocken. Da sagte Gott zu Noach: „Kommt heraus aus der Arche, du und deine Familie! Treibt auch alle Tiere hinaus! Die Erde soll wieder voll Leben werden." Da verließ Noach mit seiner Familie und den Tieren das Schiff.

Noach baute einen Altar für Gott und zündete ein Feuer an zum Dank für die Errettung aus der Flut.

Gott sagte: „Ich werde die Erde nicht noch einmal wegen der schlimmen Taten der Menschen verfluchen. Nie wieder soll eine große Flut kommen. Solange die Erde besteht, soll es Aussaat und Ernte, Kälte und Hitze, Sommer und Winter, Tag und Nacht geben. Ich werde einen Bund schließen zwischen mir und allen lebendigen Wesen auf der Erde, ich werde ihnen ein Versprechen geben. Meinen Regenbogen setze ich als Zeichen dieses Bundes an den Himmel. Wenn ich die Wolken über der Erde zusammenballe, seht ihr den siebenfarbigen Bogen am Himmel. Dann wisst ihr, dass ich an mein Versprechen denke."

Genesis 6,1 – 9,17

Der Turm von Babel

Ganz am Anfang hatten alle Menschen auf der Erde die gleiche Sprache. Jeder konnte der anderen verstehen.

Die Menschen lebten noch nicht in festen Häusern. Sie zogen mit ihren Zelten von Ort zu Ort. So fanden sie eines Tages eine fruchtbare Ebene zwischen den Flüssen Euphrat und Tigris und siedelten sich dort an. Da sagten sie zueinander: „Hier wollen wir bleiben und eine große Stadt bauen, in der wir wohnen können. Lasst uns Ziegel aus Lehm formen und zu Backsteinen brennen! Unsere Stadt soll einen Turm haben. Seine Spitze soll bis zum Himmel reichen. So werden wir berühmt. Viele Menschen werden kommen und uns bewundern. Wir werden wie Gott sein."

Sie bauten wie besessen an ihrer Stadt und besonders an dem Turm, denn sie dachten nur noch daran, berühmt zu werden.

Da kam Gott, um sich die Stadt und den Turm

anzusehen. Er sagte: „Ein Volk sind sie und sie sprechen alle eine Sprache. Dieser hohe Turm ist erst der Anfang, wohin soll das noch führen, wenn die Menschen alle berühmt sein wollen? Ihnen ist nichts unmöglich, was sie sich vornehmen. Sie denken, sie könnten alles schaffen, und meinen, sie seien wie Gott. Ich werde ihre Sprache verwirren. Keiner soll den anderen mehr verstehen können."

Und Gott verwirrte die Sprache der Menschen. Jeder sprach auf einmal eine andere Sprache. Da konnten sie einander nicht mehr verstehen. Sie mussten aufhören, die Stadt und den Turm zu bauen, und verstreuten sich überall auf der Erde. Die Stadt wurde Babel genannt, das heißt auf Deutsch: Verwirrung, Wirrwarr. Denn hier hat Gott die Sprache der Menschen verwirrt und sie über die ganze Erde zerstreut.

Genesis 11,1–9

Abraham bekommt Besuch

Eines Tages kamen drei Männer zum Zelt von Abraham. Es war ein sehr heißer Tag. Darum brachte ihnen Abraham eilig Wasser und bat Sara, ein gutes Essen zu machen. Als sie gegessen hatten, fragte einer der Männer: „Abraham, wo ist deine Frau Sara?" Abraham antwortete: „Sie ist drinnen im Zelt!" Darauf sagte der Fremde: „Ich werde im nächsten Jahr wiederkommen. Dann wird deine Frau einen Sohn haben." Sara stand hinter dem Eingang des Zeltes und hörte, was der Fremde sagte. Sie lachte laut auf und dachte bei sich: „Abraham und ich sind alte Leute. Wie sollen wir da noch ein Kind bekommen?" Der Fremde sagte zu Abraham: „Warum lacht Sara und glaubt nicht, was ich sage?

Meint sie vielleicht, dass Gott das nicht vollbringen kann?" Dann gingen die drei Männer wieder fort. „Es waren Engel, Boten Gottes", dachte Abraham. Tatsächlich bekamen Sara und Abraham nach einem Jahr einen Sohn. Sie freuten sich sehr und gaben ihm den Namen Isaak.

Genesis 18,1–16; 21,1–8

Josef der Träumer

Von allen seinen Söhnen liebte Jakob seinen zweitjüngsten, Josef, am meisten. Josefs Brüder waren deshalb eifersüchtig. Einmal hatte Josef einen Traum. Er sagte zu seinen Brüdern: „Ich habe geträumt, dass wir alle auf dem Feld das Korn zu Garben banden. Meine Garbe richtete sich auf, doch eure Garben verneigten sich alle vor meiner Garbe." Da sagten die Brüder wütend: „Willst du etwa herrschen über uns wie ein König?" Eines Tages beschlossen sie, ihn zu töten. Aber der Älteste erlaubte es nicht. Da warfen sie Josef in einen leeren Brunnen und als eine Karawane vorbeikam verkauften sie Josef an die fremden Händler. Sie zerrissen sein Gewand und brachten es ihrem Vater. Jakob war sehr traurig, denn er dachte, Josef sei von wilden Tieren getötet worden. Josef wurde von den Händlern nach Ägypten an den Hof des Potifar gebracht, der die Leibwache des Pharao befehligte. Josef war tüchtig und geschickt und Potifar setzte ihn zum Verwalter seines ganzen Besitzes ein. Doch durch eine Lüge landete Josef im Gefängnis. Dort saßen auch Diener des Pharaos. Sie erzählten ihm ihre Träume und Josef deutete sie. Der Pharao hörte davon. Als er einen Alptraum hatte und niemand ihm diesen Traum erklären konnte, ließ er Josef aus dem Gefängnis holen. Er erzählte ihm seinen Traum: „Ich stand am Ufer des Nils. Da stiegen sieben wohlgenährte

Kühe heraus und weideten. Danach stiegen sieben magere Kühe aus dem Wasser. Die mageren Kühe fraßen die sieben fetten Kühe. Später sah ich sieben volle Kornähren. Nach ihnen schossen sieben dürre Ähren aus dem Boden. Diese zerstörten die schönen Kornähren." Josef sagte: „Dein Traum bedeutet, dass Ägypten sieben gute Jahre haben wird. Danach werden sieben Jahre der Not kommen. Lass in den sieben fetten Jahren das Korn in großen Speichern sammeln, damit das Volk in den sieben mageren Jahren zu essen hat!" Da setzte der Pharao Josef zum Verwalter über das ganze Land ein. Josef ließ das Getreide aus ganz Ägypten in große Speicher bringen, sodass die Menschen während der Hungerjahre genug zu essen hatten. Viele Menschen aus anderen Ländern kamen nach Ägypten, um Getreide zu kaufen.

Genesis 37,1 – 41,36

Ein Körbchen im Schilf

In Ägypten lebten die Israeliten als Sklaven. Sie mussten für den Pharao Pyramiden und andere Gebäude bauen. Doch der Pharao bekam Angst, denn die Israeliten waren sehr viele und er dachte sich: „Sie könnten sich wehren und gegen uns kämpfen." Der Pharao überlegte, was er gegen die Israeliten tun könnte, und ihm fiel etwas sehr Grausames ein. Er befahl seinen Leuten: „Nehmt den Müttern ihre neugeborenen Jungen weg und werft sie in den Nil! Dort werden die Krokodile sie fressen. Dann haben die Israeliten Angst vor uns!"
Die israelitischen Frauen bekamen Angst. Eine von ihnen dachte sich einen Plan aus, wie sie ihr Kind retten könnte. Die Mutter nahm ihre Tochter beiseite und sagte:
„Wir werden ein kleines Körbchen flechten.
Dort legen wir deinen kleinen Bruder hinein und bringen ihn zum Schilf am Nilufer.

Dort ist eine Stelle, an der die Tochter des Pharao, die Prinzessin, jeden Tag badet. Wenn sie das Baby im Korb sieht, wird sie sich bestimmt gut um es kümmern."

Nachdem sie das Körbchen geflochten und mit Pech und Teer abgedichtet hatten, legten sie den kleinen Jungen hinein und versteckten es im Schilf. Die Schwester blieb in der Nähe und beobachtete das Körbchen.

Kurze Zeit später kam, wie erwartet, die Tochter des Pharao mit ihren Dienerinnen. Sie sah ein seltsames Körbchen auf dem Wasser schwimmen. Als sie es öffnete, entdeckte sie darin einen weinenden kleinen Jungen. „Das ist bestimmt ein Kind der Israeliten", sagte sie voll Mitleid.

Als die Schwester des Babys das sah und hörte, ging sie zur Königstochter und fragte vorsichtig: „Brauchst du eine Ersatzmutter für das Kind, die ihm Milch geben kann?" Die Prinzessin antwortete: „Ja. Wenn du jemanden kennst, bring sie her!" Das Mädchen rannte schnell und holte seine Mutter. Als die Mutter da war, sagte die Prinzessin: „Nimm dieses

Kind mit und zieh es mir auf! Ich werde dich dafür bezahlen. Wenn es alt genug ist, dann bring es zu mir! Es soll in meinem Palast wohnen und wie mein eigenes Kind sein." Glücklich nahmen Mutter und Tochter das Baby mit nach Hause. Es war gerettet. Als der Junge groß genug war, brachte die Mutter ihn schweren Herzens der Prinzessin. Sie nannte das Kind Mose.

Exodus 1,1–2,10

Brot vom Himmel

Nachdem Gott die Israeliten aus Ägypten befreit hatte, mussten sie durch die Wüste ziehen, um in das schöne Land Kanaan zu gelangen, das Gott ihnen versprochen hatte. Mose war ihr Anführer, denn er war im Auftrag Gottes zum Pharao gegangen und hatte ihm gesagt, dass er die Israeliten freilassen sollte.

Die Menschen waren lange unterwegs. Eines Tages gingen ihnen die Vorräte aus und in der Wüste fanden sie weit und breit nichts zu essen. Da bekamen sie Angst und wurden wütend auf Mose. Sie sagten: „Wären wir bloß in Ägypten geblieben! Sollen wir jetzt in der Wüste vor Hunger sterben?"

Gott hörte ihr Jammern und er sagte zu Mose: „Sag den Leuten, dass sie am Abend Fleisch bekommen werden und am Morgen Brot! Dann werden sie erkennen, dass ich ihr Gott bin." Am Abend schickte Gott kleine Vögel in das Lager der Israeliten und alle wurden satt. Als die Menschen am nächsten Morgen erwachten, lag etwas Knuspriges auf der Erde. Erstaunt fragten sie einander: „Was ist das?" Da sagte Mose zu ihnen: „Das ist das Brot, das euch Gott zu essen gibt. Sammelt davon so viel, wie ihr braucht!" Die Israeliten nannten das Brot „Manna", das bedeutet: „Was ist das?"

Ein paar Tage später hatten die Leute nichts mehr zu trinken. Durstig gingen sie zu Mose und beschwerten sich: „Sollen wir vielleicht verdursten?" Mose wandte sich an Gott und sagte: „Wo soll ich bloß mitten in der Wüste Wasser herbekommen?" Da antwortete Gott: „Geh, und nimm deinen Stab in die Hand! Du wirst an einen großen Felsen kommen. Berühre den Felsen mit deinem Stab und aus dem Fels wird klares Wasser fließen!" Mose tat, was Gott ihm gesagt hatte. Er berührte den Felsen mit seinem Stab. Und tatsächlich: Klares kühles Wasser kam heraus!

Exodus 16,1 – 17,6

Gott ruft Samuel

Es war einmal eine Frau namens Hanna. Sie war traurig, weil sie keine Kinder hatte. Deshalb ging sie zum Tempel und betete: „Herr, ich hätte so gerne einen Sohn. Wenn du mir diesen

Wunsch erfüllst, soll dir mein Sohn, wenn er größer ist, im Tempel dienen." Eli, der älteste Tempelpriester, hörte Hanna. „Geh beruhigt nach Hause", sagte er. „Gott wird dir deine Bitte erfüllen."

Und tatsächlich: Hanna bekam einen Sohn, den sie Samuel nannte. Das heißt: „Gott hört". Als Samuel größer war, brachte Hanna ihn wie versprochen in den Tempel. Sie sagte zum Priester Eli: „Hier ist der Junge, den mir Gott geschenkt hat. Ich gebe ihn Gott zurück, wie ich es versprochen habe."

Eines Nachts rief Gott den Jungen im Schlaf: „Samuel!" Davon wurde Samuel wach. Er dachte, dass Eli ihn gerufen hatte, und ging zu ihm. „Hier bin ich", sagte er. „Du hast mich gerufen." „Nein, ich habe dich nicht gerufen", antwortete Eli. „Geh wieder ins Bett!" Als Samuel sich hingelegt hatte, hörte er die Stimme wieder. „Samuel!" Er stand wieder auf und ging zu Eli. Er sagte: „Hier bin ich, du hast mich gerufen." „Nein, das habe ich nicht", sagte Eli. „Schlaf weiter!" Doch die Stimme rief Samuel zum dritten Mal. Der Junge rannte wieder zu Eli.

Da erkannte der alte Mann, dass es
Gott war, der Samuel rief. „Leg dich
schlafen!", sagte Eli. „Wenn Gott
dich wieder ruft, dann antwor-
te: ‚Rede, Herr, dein Diener hört
dich!'" Samuel ging wieder ins
Bett. Schlafen konnte er jedoch
nicht, denn er war aufgeregt. Nach
kurzer Zeit hörte er die Stimme wieder: „Samuel, Samuel!" Wie Eli ihm
geraten hatte, antwortete Samuel dieses
Mal: „Rede, Herr, dein Diener hört dich!"
Und Gott erzählte ihm viele Dinge. Als Samuel erwachsen war, wurde er ein berühmter
Prediger.

1 Samuel 1,1 – 3,21

David besiegt Goliat

Eines Tages fielen die Philister, ein feindliches
Volk, in das Land der Israeliten ein. Sie wollten
den Israeliten ihr Land und ihre Tiere wegneh-
men. Unter ihnen war auch ein Riese. Er hieß
Goliat und war so stark wie zehn Männer. Er
trug einen Helm aus Eisen und einen schweren
Panzer, in der Hand hielt er einen mächtigen
Speer. Goliat verspottete die Männer Israels
und rief mit mächtiger Stimme: „Wer von euch
Israeliten will mit mir kämpfen? Wer nimmt es
mit mir auf?" Keiner der Soldaten traute sich.
Ein Junge namens David war von seiner Mutter
ins Lager geschickt worden, um seinen Brüdern, die Soldaten waren, zu essen zu bringen.
Er war ein Hirtenjunge und sehr tapfer.
Einmal hatte er einen Löwen getötet, der
seine Schafe fressen wollte.

Als David das Gebrüll des Riesen hörte, nahm
er seinen Stab und ging hinunter zum Bach.
Dort fand er fünf glatte Kieselsteine. Er steckte
sie in seine kleine Tasche. Dann nahm er seine
Schleuder, mit der er immer die wilden Tiere
vertrieb, und stieg den Hügel hinauf, wo Goliat
stand. Er sah zu dem Riesen hoch und sagte:
„Ich werde mit dir kämpfen. Gott wird mir
dabei helfen." Da lachte Goliat den Jungen aus.
Doch David blieb ruhig. Er zog einen kleinen,
runden Kieselstein aus der Hirtentasche und
legte ihn in seine Schleuder. Dann schoss er auf
den Riesen. Der Stein traf den Riesen mitten
auf die Stirn, wo er keine Rüstung hatte. Goliat
schwankte und fiel vornüber auf den Boden.
Dort blieb er bewegungslos liegen. Schnell lief
David zu ihm hin, nahm das Schwert des Riesen und schlug ihm damit den Kopf ab. Als die
Philister sahen, dass ihr stärkster Mann tot war,
bekamen sie große Angst und rannten fort. Die
Israeliten aber sangen und tanzten vor Freude
und dankten Gott.

1 Samuel 17,1–58

Ein Engel stärkt Elija in der Wüste

Der Prophet Elija konnte die Menschen nicht
für Gott gewinnen. Sie wollten nicht auf Gott
hören und jagten den Propheten fort aus
ihrem Land. Königin Isebel wollte Elija sogar
töten. Daraufhin floh Elija in die Wüste. Ohne
anzuhalten, war er einen Tag lang unterwegs.
Müde und mutlos setzte er sich unter einen
Ginsterstrauch und betete: „Herr, nun ist es
genug. Nimm mein Leben zu dir und lass mich
sterben!" Dann schlief er ein. Da berührte ein
Engel Gottes seinen Arm und sagte: „Steh auf
und iss!" Elija sah neben sich geröstetes Brot
und einen Krug Wasser. Er
aß und trank und legte
sich wieder schlafen.
Der Engel kam ein
zweites Mal zu Elija,
rührte ihn an und
sagte: „Steh auf
und iss! Sonst ist
der Weg zu weit

für dich!" Da stand Elija auf, aß und trank und machte sich auf den Weg. Durch die Speise des Engels gestärkt, wanderte Elija vierzig Tage und vierzig Nächte bis zum Gottesberg Horeb. Dort hörte er Gottes Stimme in einem leisen Wind.

1 Könige 19,1–13

Jona im Bauch des Fisches

Gott sagte zu dem Propheten Jona: „Geh in die große Stadt Ninive! Die Menschen dort sind sehr böse. Sie streiten miteinander und bringen sich gegenseitig um. Sag ihnen: Gott wird euch bestrafen!" Jona aber wollte nicht nach Ninive gehen und rannte vor Gott weg. Er ging zum Hafen und stieg auf ein Schiff, das über das große Meer fuhr, weit weg von Ninive. „Hier wird mich Gott nicht finden", dachte er im Stillen. Da schickte Gott einen gewaltigen Sturm auf das

Meer. Das Schiff schaukelte hin und her und drohte in den Wellen unterzugehen. Der Kapitän und die Matrosen hatten große Angst und schrien: „Hilfe, wir müssen ertrinken!"
Jona schlief unten im Schiff. Da weckte ihn der Kapitän und rief: „Warum betest du nicht zu Gott?" Jona erschrak. Dann sagte er: „Es nützt nichts, wenn ich bete. Ich habe Gott nicht gehorcht. Darum hat er den Sturm geschickt. Werft mich ins Meer! Dann hört der Sturm auf!" Die Männer ergriffen Jona und warfen ihn ins Meer. Sofort ließ der Sturm nach. Aber Jona ertrank nicht, denn Gott schickte einen großen Fisch, der Jona verschluckte. Drei Tage und drei Nächte war er im Bauch des Fisches. Dort betete Jona zu Gott: „Bitte, Herr, befreie mich! Ich will alles tun, was du von mir willst." Gott half Jona. Der Fisch spuckte ihn ans Land. Jetzt ging Jona nach Ninive und überbrachte ihnen Gottes Botschaft: „Weil ihr böse seid, wird Gott euch bestrafen. Er wird eure Stadt

zerstören." Da erschraken die Menschen von Ninive. Sie entschuldigten sich und beteten. Sie machten wieder gut, was sie Böses getan hatten. Gott sah, dass es den Menschen leid tat und dass sie von jetzt an gut sein würden. Deshalb zerstörte er Ninive nicht. Da wurde Jona zornig, aber Gott erklärte ihm, dass er allen Geschöpfen gegenüber gnädig und barmherzig ist.

Jona 1,1 – 4,1

Daniel in der Löwengrube

Darius, ein mächtiger Perserkönig, erließ eines Tages folgendes Gesetz: „Niemand im Land darf zu Gott beten. Alle müssen mich anbeten. Ich werde wie Gott sein. Wer das nicht tut, wird in die Löwengrube geworfen und die

Löwen werden ihn auffressen." Daraufhin beteten alle Menschen zu Darius. Nur ein Mann gehorchte nicht. Er hieß Daniel und war ein Berater des Königs. Dreimal am Tag kniete er nieder und betete zu Gott. Als die Diener des Königs das sahen, gingen sie zum König und sagten: „Daniel gehorcht deinem Gesetz nicht. Er betet zu seinem Gott. Sollen wir ihn vor die Löwen werfen?" König Darius war darüber sehr traurig. Denn er mochte Daniel und wusste, dass er ein guter Mensch war. Aber das Gesetz musste eingehalten werden. Der König ließ Daniel zu sich kommen und sagte: „Möge dein Gott, zu dem du so oft betest, dich vor den Löwen schützen!"

Daniel wurde zu einer Grube gebracht, in der die hungrigen Löwen warteten, und hineingeworfen. Am anderen Morgen ging der König zur Löwengrube. Er war sich sicher, dass die Löwen Daniel gefressen hatten. Trotzdem rief er: „Daniel, hat dir dein Gott geholfen?" Da hörte er Daniels Stimme: „Ja, mein König! Mein Gott sandte mir in der Nacht seinen Engel. Dieser hielt den Löwen den Rachen zu, sodass sie mich nicht fressen konnten!" Da freute sich der König und befahl, Daniel aus der Grube zu holen. Er ließ ein neues Gesetz machen und befahl, dass alle Menschen im Land den Gott Daniels anbeten sollten.

Daniel 6,2–29

Gott schickt Tobias einen Engel

Tobias, Sohn frommer israelitischer Eltern, musste für seinen erblindeten Vater Tobit eine weite Reise machen. Weil der Weg gefährlich war, brauchte er einen Reisegefährten. Er fand einen jungen Mann, der bereit war, ihn zu begleiten. Dieser junge Mann war ein Engel. Doch Tobias wusste das nicht. Der Engel geleitete Tobias sicher auf der langen Reise. Als

Tobias einmal baden wollte, schoss plötzlich ein großer Fisch hervor und wollte ihn verschlingen. Der Engel rief:
„Pack den Fisch bei den Kiemen und zieh ihn heraus!" Tobias tat dies. Dann sagte der Engel:
„Nimm den Fisch aus und bewahre die Galle gut auf! Wenn man damit die Augen eines Blinden bestreicht, kann er wieder sehen!"
Als die beiden nach langer Zeit wieder nach Hause zurückkehrten, nahm Tobias von der Galle des Fisches und bestrich damit die Augen seines Vaters. Da konnte Tobit wieder sehen. Dann gab sich der Engel zu erkennen: „Ich bin Rafael, einer der sieben Engel, die vor Gott stehen. Nun sagt Gott euren Dank, denn ich steige wieder hinauf zum Himmel!" Dann sahen Tobias und seine Eltern den Engel nicht mehr.

Tobit 4,1 – 12,22

DAS NEUE TESTAMENT

Geschichten von Jesus und seiner Botschaft

Im Neuen Testament stehen die Geschichten von Jesus von Nazaret, die sogenannten Evangelien. „Evangelium" ist ein Wort aus der griechischen Sprache – es heißt „eu-angelion" – und bedeutet auf Deutsch „gute Nachricht" oder „Frohe Botschaft".
Die gute Nachricht des Neuen Testaments besteht darin, dass jetzt erfüllt ist, was im Alten Testament begonnen wurde: Gott schließt nicht nur mit dem Volk Israel, sondern mit allen Menschen Freundschaft, ganz gleich, welche Sprache sie reden und welche Hautfarbe sie

haben. Er schickt Jesus Christus, den Sohn Gottes, auf die Welt, um das allen Menschen mitzuteilen und vorzuleben.

Das Neue Testament ist in kürzerer Zeit entstanden als das Alte Testament, etwa in den Jahren zwischen 50 und 120 nach Christus. Nachdem Jesus gestorben und seinen Jüngern als Auferstandener wieder erschienen war, wurden seine Worte und Taten zunächst mündlich weitererzählt.

Erst gut 30 Jahre nach seinem Tod begann man, schriftliche Berichte über Leben und Botschaft Jesu abzufassen. Wir nennen sie die Evangelien. Geschrieben wurden sie von Matthäus, Markus, Lukas und Johannes.

Schon vorher – wohl zwischen den Jahren 51 und 60 nach Christus – richtete der Apostel Paulus Briefe an einzelne Christengemeinden, zum Beispiel an die in Rom, in Korinth, in Kolossä oder in Ephesus. Darin gab er den Menschen zu Fragen des Glaubens und des Lebens Auskünfte und Ratschläge.

Der Engel Gabriel kommt zu Maria

Sechs Monate nach seinem Besuch bei Zacharias kam der Engel Gabriel zu Maria. Maria war eine junge Frau, die in Nazaret, einer kleinen Stadt im Land Israel, wohnte. Sie war verwandt mit Elisabet. Ihr Verlobter hieß Josef und war Zimmermann.

Der Engel trat in Marias Haus ein und begrüßte sie. Er sprach: „Sei gegrüßt, Maria, und freue dich, denn Gott ist mit dir!"

Maria erschrak sehr, als sie den Engel sah und sprechen hörte. Sie verstand nicht, wer er war und was er meinte, und dachte: „Was hat dieser Gruß wohl zu bedeuten?"

Da sprach der Engel weiter zu ihr: „Hab keine Angst, Maria! Gott hat dich besonders lieb. Du wirst einen Sohn bekommen. Ihm sollst du den Namen Jesus geben. Man wird auf ihn hören,

wenn er zu den Leuten spricht. Er wird ein König sein und sein Reich wird kein Ende haben."
Maria wunderte sich sehr über die Worte des Engels und fragte: „Wie soll denn das geschehen? Ich habe doch keinen Mann!"
Da antwortete der Engel: „Gottes Heiliger Geist wird das alles in dir bewirken. Darum wird dein Kind heilig sein und Sohn Gottes genannt werden. Auch deine Verwandte Elisabet erwartet in ihrem hohen Alter ein Kind. Dabei dachten alle, dass sie keine Kinder bekommen kann. Aber für Gott ist nichts unmöglich!"
Da sagte Maria zu dem Engel: „Ich bin zu allem bereit, was Gott möchte. Es soll mit mir so geschehen, wie du es gesagt hast!"
Daraufhin verließ sie der Engel. Und Maria freute sich auf das Kind, das sie bekommen sollte. Sie wusste: Es ist Gottes Sohn.

Lukas 1,26–38

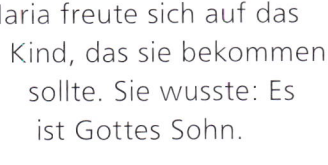

Maria besucht ihre Verwandte Elisabet

Bald nach dem Besuch des Engels machte sich Maria auf den Weg in das Bergland von Judäa, um ihre Verwandte Elisabet zu besuchen. Der Weg, den Maria gehen musste, war weit und beschwerlich. Sicher war Maria sehr erschöpft, als sie nach dem langen Fußmarsch endlich ankam. Sie ging in das Haus des Zacharias und begrüßte Elisabet. Als Elisabet den Gruß Marias hörte, hüpfte das Kind in ihrem Leib.

Da wurde Elisabet vom Heiligen Geist erfüllt und rief laut: „Wie gut, dass du zu mir kommst! Als du mich begrüßt hast, da hüpfte mein Kind in meinem Bauch. Gott hat dich gesegnet, Maria. Und auch dein Kind wird gesegnet sein!"
Maria blieb etwa drei Monate bei Elisabet. Dann kehrte sie nach Hause zurück.

Lukas 1,39–56

Ein Engel erscheint Josef im Traum

Marias Verlobter Josef war Zimmermann. Er
kannte Maria schon lange und liebte sie.
Als Josef sah, dass Maria ein Kind erwartete,
war er sehr traurig und enttäuscht. Er dachte,
dass sie ihm untreu geworden war.
Josef war ein guter und gerechter Mann. Er
wollte Maria nicht bloßstellen. So beschloss er,
sich in aller Stille von ihr zu trennen.
Aber in der Nacht erschien ihm ein Engel des
Herrn im Traum und sprach:
„Josef, du Sohn Davids, fürchte dich nicht, Maria als deine Frau zu dir zu nehmen. Das Kind,
das sie erwartet, hat sie durch Gottes Geist
empfangen. Du sollst ihm den Namen Jesus
geben, das heißt: der Retter."
Als Josef erwachte, tat er, was der Engel
des Herrn ihm befohlen hatte. Er
nahm Maria als seine Frau zu sich in
sein Haus.

Matthäus 1,18–24

Jesus wird in Betlehem geboren

Eines Tages wollte der römische Kaiser Augustus wissen, wie viele Leute in seinem Reich wohnten. Er befahl: „Alle Menschen, die in meinem Reich wohnen, müssen gezählt und aufgeschrieben werden!"
Da musste jeder in die Stadt ziehen, aus der seine Vorfahren stammten. Dort wurde sein Name in eine Liste eingetragen.
Auch Josef machte sich auf den Weg. Er zog mit Maria aus der Stadt Nazaret in Galiläa nach Betlehem, das in der Provinz Judäa lag. Betlehem war die Heimatstadt der Familie des großen Königs David. Und Josef stammte aus dem Haus und Geschlecht Davids.
Der Weg von Nazaret nach Betlehem war weit und sehr beschwerlich, denn er führte unter der sengenden Sonne durch steiniges Hügelland. Die Reise fiel vor allem Maria nicht leicht, weil sie schwanger war und in allernächster Zeit ihr Kind erwartete.
Als Maria und Josef endlich nach Tagen in Betlehem ankamen, waren schon viele Menschen

dort. Die Herberge der Stadt war viel zu klein, um alle, die gekommen waren, aufzunehmen. Auch für Maria und Josef gab es keinen Platz mehr. Lange suchten sie, doch nirgends fanden sie eine Übernachtungsmöglichkeit.
Schließlich fanden sie einen Stall in einer Felsenhöhle, in dem sie die Nacht verbringen konnten. Und in dieser Nacht brachte Maria ihr Kind zur Welt – ihr erstes Kind, Gottes Sohn! Maria wickelte das Kind in Windeln und legte es in das Stroh einer Futterkrippe, die eigentlich für die Tiere bestimmt war. Ja, so wurde Jesus, Gottes Sohn, geboren!

Lukas 2,1–7

Hirten eilen zur Krippe

In der Nähe von Betlehem waren Hirten auf dem Feld bei ihren Herden. Plötzlich – mitten in der Nacht – wurde es ganz hell und ein Engel Gottes trat zu ihnen. Die Hirten erschraken und fürchteten sich sehr.

Doch der Engel sagte zu ihnen: „Fürchtet euch nicht! Ich verkünde euch eine große Freude. Heute ist in Betlehem Jesus geboren. Er ist Gottes Sohn, der euch retten wird. Geht selbst hin und seht nach! Das neugeborene Kind ist in Windeln gewickelt und liegt in einer Futterkrippe!"

Plötzlich kamen viele Engel und sangen: „Ehre sei Gott in der Höhe und Frieden auf Erden!"

Sofort eilten die Hirten nach Betlehem. Dort fanden sie Maria und Josef und das Kind in der Krippe.

Lukas 2,8–16

Sterndeuter kommen zu Jesus

Als Jesus zur Zeit des Königs Herodes in Betlehem geboren worden war, kamen weise
Männer aus dem Osten nach Jerusalem. Sie
waren Sterndeuter. Sie hatten einen neuen
glänzenden Stern aufgehen sehen und glaub-
ten: Dieser Stern ist das Zeichen für die Geburt
eines neuen Königs.
Der Stern führte die Weisen in das Land der Ju-
den. Dort regierte in Jerusalem König Herodes.
Die Sterndeuter fragten überall in der Stadt:
„Wo ist der neugeborene König der Juden? Wir
haben seinen Stern aufgehen sehen und sind
gekommen, um ihn anzubeten."
Als König Herodes das hörte, erschrak er.
Heimlich rief er die Hohenpriester und Schriftgelehrten des Volkes zusammen und fragte:
„Wisst ihr, wo dieser neue König geboren ist?"
Sie antworteten ihm: „In Betlehem in Judäa.
Denn so steht es bei den Propheten."
Da rief Herodes die Sterndeuter heimlich zu
sich und ließ sich von ihnen genau sagen,
wann der Stern erschienen war. Dann schickte

er sie nach Betlehem und sagte: „Geht und
sucht das Kind! Wenn ihr es gefunden habt,
kommt wieder zu mir! Ich will wissen, wo es
ist, damit auch ich hingehen und das Kind
anbeten kann."
Nach diesen Worten des Königs machten sich
die Männer auf den Weg. Der Stern zog vor
ihnen her bis zu dem Ort, wo das Kind war.
Dort stand er still.
Da freuten sich die Sterndeuter. Sie sahen das
Kind, knieten nieder und beteten es an.
Dann holten sie ihre Schätze hervor und
schenkten dem Kind Gold, Weihrauch und Myrrhe. Myrrhe ist eine sehr wertvolle Salbe aus
duftenden Kräutern.
In der Nacht träumten die Sterndeuter, dass
es nicht gut sei, zu König Herodes zurückzu-
kehren. Deshalb gingen sie auf einem anderen
Weg in ihre Heimat zurück.

Matthäus 2,1–12

Die Flucht nach Ägypten

Als die Sterndeuter Betlehem wieder verlassen hatten, erschien Josef im Traum ein Engel Gottes und sagte: „Steh auf und flieh mit Maria und dem Kind nach Ägypten! Bleibt dort, denn Herodes will das Kind töten."
Da stand Josef in der Nacht auf und floh mit seiner Familie nach Ägypten.
Als Herodes merkte, dass ihn die Sterndeuter getäuscht hatten, wurde er sehr zornig. Er ließ in Betlehem und der ganzen Umgebung alle Jungen bis zum Alter von zwei Jahren töten.
Als Herodes gestorben war, erschien Josef im Traum wieder ein Engel Gottes und sagte: „Geh mit Maria und dem Kind in das Land Israel zurück! Herodes ist tot."
Da verließen Josef und Maria mit Jesus Ägypten. Im Gebiet von Galiläa in der Stadt Nazaret ließen sie sich nieder.

Matthäus 2,13–23

Jesus wird im Tempel Gott geweiht

Jesus war gerade vierzig Tage alt. Da brachten ihn seine Eltern in den Tempel von Jerusalem. Dort wollten sie das Kind Gott weihen und ein Opfer darbringen. Denn so verlangte es das jüdische Gesetz.

Zu dieser Zeit lebte in Jerusalem ein alter Mann mit Namen Simeon. Er war gerecht und fromm und wartete auf den Retter und Erlöser Israels. Gott hatte ihm gesagt, er werde nicht eher sterben, bevor er den Messias gesehen habe. Von Gottes Geist geführt, kam Simeon in den Tempel. Als Maria und Josef den kleinen Jesus hereinbrachten, wusste er: Das ist Gottes Sohn! Das ist der Heiland, der die Welt rettet und erlöst! Und er nahm das Kind in seine Arme, lobte Gott und sagte: „Guter Gott, ich danke dir. Jetzt kann ich ruhig sterben, denn nun habe ich das Heil gesehen."

Maria und Josef staunten über das, was er über das Kind gesagt hatte. Simeon segnete die beiden und sagte dann zu Maria, der Mutter Jesu: „Viele werden durch dieses Kind gestürzt und viele aufgerichtet werden. Du, Maria, wirst eines Tages großes Leid erfahren, es wird sein, als würde dir ein Schwert durch die Seele dringen."

Im Tempel war auch eine Prophetin. Sie hieß Hanna und war 84 Jahre alt. Als junges Mädchen hatte sie geheiratet und war nun Witwe. Sie hielt sich jeden Tag im Tempel auf und fastete und betete.

Als Hanna den kleinen Jesus sah, freute sie sich sehr. Sie lobte Gott und sprach über das Kind mit allen, die auf den Retter und Erlöser warteten.

Darauf verließen Maria und Josef mit ihrem Kind den Tempel und kehrten in ihre Heimatstadt Nazaret zurück. Dort wuchs Jesus unter Gottes Segen heran.

Lukas 2,22–40

Der zwölfjährige Jesus bleibt im Tempel zurück

In jedem Jahr feierten die Juden in Jerusalem das Paschafest. Es war ein Dankfest, das mehrere Tage dauerte. Von überallher kamen die Menschen nach Jerusalem. Auch Maria und Josef machten Jahr für Jahr die Reise von Nazaret nach Jerusalem.

In diesem Jahr durfte Jesus mitkommen. Er war zwölf Jahre alt. Als die Festtage vorüber waren, kehrten Maria und Josef mit vielen anderen Leuten nach Nazaret zurück. Unterwegs merkten sie, dass Jesus nicht mit ihnen gekommen war.

Zunächst dachten die Eltern: „Sicher ist Jesus bei unseren Verwandten und Freunden." Doch dann machten sie sich Sorgen und begannen, ihn zu suchen. Als sie ihn nicht fanden, gingen sie zurück nach Jerusalem. Sie suchten ihren Sohn in der ganzen Stadt.

Erst nach drei Tagen fanden sie ihn, und zwar im Tempel. Jesus saß mitten unter den Schriftgelehrten. Er hörte ihnen aufmerksam zu und stellte ihnen Fragen. Alle, die ihn hörten, staunten über seinen Verstand und seine klugen Worte. Als die Eltern Jesus dort entdeckten, wunderten sie sich sehr. Maria fragte ihn ganz aufgeregt: „Kind, warum hast du uns das angetan? Dein Vater und ich haben dich voll Angst und Sorge gesucht."

Jesus antwortete ihnen: „Warum habt ihr mich gesucht? Wusstet ihr denn nicht, dass ich im Haus meines Vaters sein muss?" Doch Maria und Josef verstanden nicht, was er damit sagen wollte.

Dann kehrte Jesus mit seinen Eltern nach Nazaret zurück. Seine Mutter dachte noch lange über seine Worte nach und erinnerte sich später immer wieder daran.

Jesus wurde immer größer und weiser. Er hörte auf seine Eltern, und Gott und die Menschen mochten ihn sehr.

Lukas 2,41–52

Jesus lässt sich von Johannes taufen

Als Jesus erwachsen war, ging er an den Jordan, um sich von Johannes taufen zu lassen. Johannes predigte in der Wüste. Er taufte im Jordan alle Menschen, die sich zu Gott bekehrt hatten. Als Johannes Jesus taufte, öffnete sich der Himmel. Jesus sah den Geist Gottes wie eine Taube auf sich herabkommen. Und von oben her sprach eine Stimme: „Du bist mein lieber Sohn. An dir habe ich meine Freude."

Matthäus 3,13–17

Die Versuchung Jesu

Jesus ging in die Wüste, um zu beten und zu fasten. Nach vierzig Tagen und vierzig Nächten hatte er großen Hunger und Durst. Da kam der Teufel und sagte zu ihm: „Wenn du der Sohn Gottes bist, so mache, dass diese Steine zu Brot

werden. Dann hast du keinen Hunger mehr."
Jesus antwortete: „Nein, denn Gott sagt: Der
Mensch soll nicht vom Brot allein leben, sondern von jedem Wort, das von Gott kommt."
Der Teufel versuchte es noch einmal und nahm
Jesus mit auf die höchste Stelle der Tempelmauer
und sagte: „Wenn du der Sohn Gottes bist, dann
stürze dich da hinunter. Es steht doch geschrieben, dass du nicht einmal deinen Fuß an einem
Stein stoßen wirst. Die Engel Gottes werden dich
schützen." Jesus antwortete: „Es steht aber auch
geschrieben: Du sollst den Herrn, deinen Gott,
nicht versuchen."
Jetzt zeigte der Teufel ihm die ganze schöne
Welt. Er sagte: „Dies alles will ich dir
geben, wenn du niederfällst und mich
anbetest." Jesus entgegnete: „Geh
weg, du böser Teufel! Denn es steht
geschrieben: Gott sollst du anbeten und ihm allein dienen." Nun
verschwand der Teufel. Dann kamen die Engel und dienten Jesus.

Matthäus 4,1–11

Die Berufung der ersten Jünger

Als Jesus erwachsen war, zog er durch das Land
Galiläa. Dort verkündete er die Botschaft Gottes
und sagte zu den Leuten: „Das Reich Gottes ist
nahe. Ändert euer Leben und tut das, was Gott
von euch will! Glaubt an das Evangelium!"
Als Jesus an den See Gennesaret kam, sah er
zwei Männer in ihrem Boot. Es waren Simon
(Petrus) und sein Bruder Andreas.
Die beiden warfen gerade ihr Netz in den
See, um zu fischen. Da sagte Jesus zu ihnen:
„Kommt her und folgt mir nach! Bis jetzt habt
ihr im See Fische gefangen. Ich will euch zeigen, wie man Menschen findet und sie zu
Gott führt. Werdet meine Jünger!" Sofort
ließen Simon und Andreas alles liegen,
folgten Jesus und gingen mit ihm.
Als Jesus ein Stück weiterging, sah
er zwei andere Brüder: Jakobus
und Johannes. Sie waren mit ihrem
Vater Zebedäus und einigen Knechten
im Boot und richteten ihre Netze. Auch
sie wollten im See fischen.

Jesus rief ihnen zu: „Kommt und folgt mir nach!"
Da ließen Jakobus und Johannes ihren Vater mit seinen Knechten im Boot und gingen mit Jesus.

Markus 1,14–20

Die Hochzeit in Kana

Einmal war Jesus mit seinen Jüngern zu einer Hochzeit eingeladen.
Das war in Kana, einem kleinen Ort in Galiläa. Auch Maria, die Mutter Jesu, war dabei.
Als der Wein ausgetrunken war, sagte sie es ihrem Sohn. Denn sie wusste, dass Jesus helfen konnte. Jesus ließ sechs steinerne Krüge, die im Haus standen, mit Wasser füllen. Dann verwandelte er das Wasser in einen guten Wein. So machte Jesus den Anfang seiner Wunder und zeigte seine göttliche Macht und Herrlichkeit.

Johannes 2,1–11

Jesus segnet die Kinder

Eines Tages waren Jesus und seine Jünger in einem Dorf angekommen. Ein paar Leute hatten dies gesehen. Einer erzählte es dem anderen und bald wussten es alle: Jesus ist da. Die Freude im Dorf war riesengroß.

Einige Väter und Mütter nahmen sofort ihre Kinder an die Hand und wollten sie zu Jesus bringen. Sie wollten ihn bitten, ihren Jungen und Mädchen die Hände aufzulegen und über sie zu beten. Denn sie wussten: Jesus hat alle Menschen lieb – die Großen und die Kleinen. Als die Jünger die Eltern mit ihren Kindern kommen sahen, ärgerten sie sich. Sie schimpften und wollten sie wegschicken. Sie dachten, Jesus hätte Wichtigeres zu tun, als sich um die Kinder zu kümmern. Darum sagten sie zu den Müttern und Vätern: „Was bringt ihr jetzt auch noch eure Kinder hierher? Sie verstehen doch gar nicht, was Jesus erzählt. Geht weg!

Jesus ist müde. Lasst ihn endlich in Ruhe!"
Jesus aber dachte anders.
Er hatte gehört, wie
schroff die Jünger mit
den Eltern gesprochen
hatten. Er sah die Mütter,
Väter und Kinder, wie sie
traurig und erschrocken dastan-
den. Da sagte Jesus zu den Jüngern:
„Lasst doch die Kinder zu mir kommen und
verbietet es ihnen nicht! Denn Gott hat gerade
die Kinder lieb. Ihnen gehört das Reich Gottes!"
Weiter sagte er zu den Jüngern: „Wer das
Reich Gottes nicht so annimmt, wie es ein Kind
tut, der wird bestimmt nicht hineinkommen."
Dann breitete Jesus die Arme aus und rief den
Kindern zu: „Kommt her zu mir!" Er redete
und lachte mit ihnen, legte ihnen seine Hände
auf und segnete sie. Zu jedem einzelnen Kind
sagte er: „Denk immer daran: Gott beschützt
dich!" Die Jünger schauten verwundert zu.

Markus 10,13–16

Der barmherzige Samariter

Ein Schriftgelehrter kam zu Jesus und fragte ihn: „Was muss ich tun, um in den Himmel zu kommen?" Jesus antwortete: „Du kennst doch die Gebote Gottes. Was steht in den heiligen Büchern geschrieben?"
Der Mann sagte: „Du sollst Gott lieben aus ganzem Herzen und mit all deiner Kraft. Und deinen Nächsten sollst du so lieben, wie du dich selbst liebst."

Jesus erwiderte: „Du hast richtig geantwortet. Wenn du Gott und deinen Nächsten liebst, wirst du in den Himmel kommen." Da fragte der Schriftgelehrte: „Und wer ist mein Nächster?"
Jesus erklärte es ihm mit einer Geschichte: Ein Mann ging von Jerusalem nach Jericho. Da überfielen

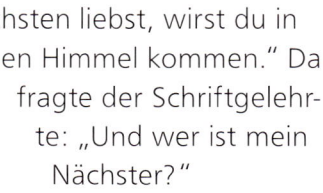

ihn Räuber. Sie schlugen ihn und ließen ihn halbtot liegen. Dann liefen sie fort. Ein Priester kam vorbei, sah den verletzten Mann und ging vorüber. Ebenso kam ein Levit (Tempeldiener) vorbei, auch er sah ihn und ging vorüber. Dann kam ein Samariter. Dieser verband ihm seine Wunden, brachte ihn in eine Herberge und kümmerte sich um ihn. Danach fragte Jesus den Schriftgelehrten: „Wer von den dreien, glaubst du, war für den Verletzten der Nächste?" Dieser antwortete: „Der, der ihm geholfen hat."
Jesus sprach: „Geh hin und mach es auch so!"

Lukas 10,25–37

Die Jünger lernen beten

Die Jünger hatten schon oft gesehen, dass
Jesus betete.
Eines Tages sprach einer der Jünger zu ihm:
„Wir möchten auch so beten können wie du.
Sag uns doch, wie wir das machen müssen!
Bitte, lehre uns beten!" Da sprach Jesus:
„Wenn ihr betet, so sagt:

Vater unser im Himmel.
Geheiligt werde dein Name.
Dein Reich komme.
Dein Wille geschehe,
wie im Himmel, so auf Erden.
Unser tägliches Brot gib uns heute.
Und vergib uns unsere Schuld,
wie auch wir vergeben unseren Schuldigern.
Und führe uns nicht in Versuchung,
sondern erlöse uns von dem Bösen.
Denn dein ist das Reich
und die Kraft und die Herrlichkeit
in Ewigkeit. Amen."

Dieses Gebet, das Jesus seinen Jüngern lehrte, nennen wir das Vaterunser. Es ist das wichtigste und schönste Gebet, das wir kennen.

Weiter sagte Jesus zu seinen Jüngern: „Glaubt ihr nicht, dass Gott, euer liebender Vater, froh ist, wenn er euch gute und schöne Dinge geben kann? Geben nicht alle guten Väter ihren Kindern gern gute Dinge und machen sie gern glücklich?"
Er nannte ihnen ein Beispiel: „Wenn ein kleiner Junge zu seinem Vater geht und ihn um ein Stück Brot bittet, wird er ihm dann einen Stein geben? Nein, er wird ihm Brot geben."
Da verstanden die Jünger besser, wie sie mit Gott sprechen sollten.

Lukas 11,1–4;
Matthäus 7,7–11

Ein Blinder kann wieder sehen

Jesus ging von Jerusalem nach Jericho. Viele Menschen begleiteten ihn. Am Straßenrand saß ein blinder Bettler. Als er die Menschen vorübergehen hörte, fragte er, was dies zu bedeuten habe. Die Leute antworteten dem Blinden: „Jesus von Nazaret kommt hier jetzt vorbei." Daraufhin rief der Blinde mit lauter Stimme: „Jesus, Sohn Davids, geh nicht an mir vorbei! Erbarme dich meiner! Hilf mir doch!" Die Leute in seiner Nähe wurden ärgerlich und sagten: „Sei doch endlich ruhig!"
Der Blinde aber schrie noch lauter als zuvor: „Jesus, du Sohn Davids, erbarme dich meiner!" Jesus hörte die Stimme des blinden Mannes. Er blieb stehen und sagte: „Bringt diesen Mann zu mir her!" Da brachten die Leute den Blinden zu ihm. Jesus fragte ihn: „Was willst du, dass ich dir tun soll?"

Der Mann antwortete: „Mach bitte, dass ich sehen kann!"

Da sprach Jesus: „Du sollst wieder sehen können. Dein Glaube hat dir geholfen."

Im gleichen Moment konnte der Blinde wieder sehen. Er ging nun auch mit Jesus und lobte Gott. Auch alle, die dabei waren, lobten Gott.

Lukas 18,35–43

Die Verklärung Jesu

Eine Tages stieg Jesus auf einen Berg, um zu beten. Er nahm Petrus, Jakobus und Johannes mit sich. Während er betete, verwandelte sich sein Gesicht. Und sein Gewand wurde strahlend weiß. Plötzlich standen Mose und Elija neben Jesus und redeten mit ihm über sein baldiges Leid und seinen Tod. Dann hörten die Jünger eine Stimme aus dem Himmel: „Dies ist mein geliebter Sohn. Hört, was er euch sagt!"

Lukas 9,28–36

Jesus zieht in Jerusalem ein

Jesus und seine Jünger kamen in die Nähe von Jerusalem, nach Betfage und Betanien am Ölberg. Dort schickte Jesus zwei seiner Jünger voraus und sagte: „Geht in das Dorf, das vor uns liegt! Wenn ihr hineinkommt, werdet ihr dort einen jungen Esel angebunden finden. Auf dem hat noch nie ein Mensch gesessen. Bindet ihn los und bringt ihn her! Und wenn jemand euch fragt: ‚Was macht ihr da?', dann antwortet: ‚Der Herr braucht ihn und er lässt ihn bald wieder zurückbringen.'"
Die beiden machten sich auf den Weg und es geschah alles, wie Jesus es ihnen gesagt hatte. Sie brachten den jungen Esel, legten ihre Mäntel darauf und halfen Jesus beim Aufsteigen. Einige Menschen breiteten ihre Kleider auf der Straße aus. Andere brachen Palmzweige von den Bäumen ab und streuten sie auf den Weg. Die Menschen, die vor ihnen gingen und ihnen folgten, riefen laut:

„Gelobt sei Gott!
Gelobt sei der König,
der kommt im Namen des Herrn!
Ehre sei Gott in der Höhe!"

Als Jesus in Jerusalem einzog, geriet die Stadt
in Aufregung. Viele fragten: „Wer ist dieser
Mann?"
Die Menschen, die ihm folgten, sagten: „Das
ist der Prophet Jesus aus Nazaret in Galiläa."

Lukas 19,28–40; Markus 11,1–11

Das letzte Abendmahl

Das große Fest der Juden war das Paschafest.
Dies war ein feierliches Essen, das viel Vor-
bereitung brauchte. Die Jünger kamen zu
Jesus und fragten: „Wo willst du, dass wir das
Paschamahl herrichten?" Er antwortete: „Geht
in die Stadt, dort begegnet ihr einem Mann.
Sagt das zu ihm: ‚Der Herr will zu dir kommen,
er will bei dir das Paschamahl feiern.'"
Am Abend saß Jesus inmitten seiner Jünger
beim Mahl. Er nahm das Brot, sprach das Dank-
gebet, brach das Brot, reichte es den Jüngern
und sagte: „Nehmet und esset alle davon: Das
ist mein Leib, der für euch hingegeben wird."

Ebenso nahm er nach dem Mahl den Kelch, dankte wiederum, reichte ihn seinen Jüngern und sprach: „Nehmet und trinket alle daraus: Das ist der Kelch des neuen und ewigen Bundes, mein Blut, das für euch und für alle vergossen wird zur Vergebung der Sünden. Tut dies zu meinem Gedächtnis!"

Lukas 22,7–20; Matthäus 26,17–28

Jesus wäscht seinen Jüngern die Füße

Jesus wusste, dass seine Stunde gekommen war, um aus dieser Welt zu seinem Vater hinüberzugehen. Er stand vom Tisch auf, legte sein Obergewand ab und umgürtete sich mit einem Leinentuch. Dann goss er Wasser in eine Schüssel und begann, den Jüngern die Füße zu waschen. Als er zu Simon Petrus kam, sagte dieser zu ihm: „Du, Herr, willst mir die Füße waschen?" Jesus antwortete: „Ich muss es tun. Sonst gehörst du nicht zu mir." Da sagte Petrus: „Herr, dann wasch mir nicht nur die

Füße, sondern auch die Hände und den Kopf."
Jesus sagte zu ihm: „Ich wasche euch nur die
Füße, denn ihr seid ja rein. Aber nicht alle seid
ihr rein!" Jesus wusste, dass einer von seinen
Jüngern ihn verraten würde.
Jesus schaute in die Runde seiner Jünger und
sagte: „Einer unter euch wird mich verraten."
Die Jünger blickten sich ratlos an, weil sie nicht
wussten, wen er meinte. Einer von ihnen, den
Jesus besonders lieb hatte, saß nahe an seiner
Seite. Simon Petrus nickte ihm zu und sagte:
„Frag Jesus, von wem er spricht!"

Da fragte der Jünger: „Herr, wer ist es?" Jesus antwortete: „Es ist der, dem ich dieses Stück Brot gebe." Darauf brach er das Brot und gab es Judas Iskariot. Als Judas den Bissen Brot genommen hatte, fuhr der Satan in ihn. Jesus sagte zu ihm: „Was du tun willst, das tue bald!" Da ging Judas hinaus in die Nacht. Jesus blickte seine Jünger an und sprach: „Ich bin nur noch kurze Zeit bei euch. Aber ich gebe euch ein neues Gebot: Liebt einander! Wie ich euch geliebt habe, so sollt ihr einander lieben. Daran werden alle erkennen, dass ihr meine Jünger seid." Da rief Petrus: „Herr, wohin willst du gehen? Ich will dir überallhin folgen und an deiner Seite sein. Mein Leben will ich für dich hingeben." Jesus erwiderte: „Du willst für mich dein Leben hingeben? Das sage ich dir: In dieser Nacht, noch ehe der Hahn kräht, wirst du mich dreimal verleugnen." Da rief Petrus: „Und wenn ich mit dir sterben müsste, ich würde dich nie verleugnen."

Johannes 13,1–17

Jesus betet im Garten Getsemani

Nach dem Mahl verließ Jesus die Stadt mit
seinen Jüngern. Auf dem Weg zum Ölberg kamen sie in den Garten Getsemani. Jesus sagte
zu seinen Jüngern: „Wartet hier auf mich! Ich
will in den Garten gehen und beten." Er nahm
Petrus und die beiden Söhne des Zebedäus –
Jakobus und Johannes – mit sich. Angst und
Traurigkeit ergriffen ihn. Er sagte: „Meine
Seele ist zu Tode betrübt. Bleibt hier und
wacht mit mir!" Jesus ging ein Stück

weiter. Er fiel nieder zu Boden und betete:
„Mein Vater, wenn es möglich ist, gehe dieser
Kelch an mir vorüber. Aber nicht, wie ich will,
sondern wie du willst." Dann ging er zu den
Jüngern zurück. Die aber schliefen. Da sagte
er zu Petrus: „Konntet ihr nicht einmal eine
Stunde mit mir wachen? Wacht und betet, dass
ihr nicht in Versuchung geratet!"
Darauf ging Jesus zum zweiten Mal weg und
betete: „Mein Vater, wenn du willst, dann
nimm diesen Kelch von mir! Aber nicht mein
Wille, sondern dein Wille geschehe." Als er zu
den Jüngern zurückkam, fand er sie erneut
schlafend. Da ging er wieder von ihnen fort
und betete zum dritten Mal mit den gleichen
Worten. Danach kehrte er zurück und sagte zu
seinen Jüngern: „Steht auf! Wir wollen gehen.
Die Stunde ist da. Der Verräter ist gekommen."

Matthäus 26,36–46

Jesus wird gefangen genommen

Während Jesus redete, kam Judas, einer der zwölf Jünger, mit einer großen Schar von Männern. Von den Hohenpriestern, den Schriftgelehrten und Ältesten des Volkes waren sie geschickt worden. Judas hatte ihnen ein Zeichen gegeben: „Der, den ich küssen werde, ist es. Diesen Menschen nehmt gefangen!"
Judas ging auf Jesus zu und rief: „Sei gegrüßt, Rabbi!" Dann küsste er ihn. Da ergriffen ihn die Soldaten. Jesus sprach: „Ihr seid ausgezogen mit Schwertern und Knüppeln wie gegen einen Räuber, um mich festzunehmen. Tag für Tag habe ich im Tempel gesessen und gelehrt und ihr habt nicht gewagt, gegen mich vorzugehen. Aber das alles ist geschehen, damit die Schriften der Propheten erfüllt werden."
Da verließen ihn alle Jünger und liefen davon.

Matthäus 26,47–56

Pilatus spricht das Todesurteil

Früh am Morgen ließen die Hohenpriester und Schriftgelehrten Jesus fesseln und zum römischen Statthalter Pilatus bringen. Pilatus fragte ihn: „Bist du der König der Juden?"
Jesus antwortete ihm: „Du sagst es." Die Hohenpriester brachten viele Anklagen gegen ihn vor. Aber Jesus antwortete nicht mehr.
Es war üblich, dass Pilatus jedes Jahr zum Paschafest einen Gefangenen freiließ, den das Volk vorschlug. Damals saß gerade ein Mann mit Namen Barabbas im Gefängnis zusammen mit anderen Häftlingen. Sie hatten bei einem Aufstand einen Mord begangen.
Pilatus fragte das Volk: „Wollt ihr, dass ich den König der Juden freilasse?" Er merkte nämlich, dass die Hohenpriester Jesus nur aus Neid an ihn ausgeliefert hatten. Die Hohenpriester aber wiegelten das Volk auf, die Freilassung des

Barabbas zu fordern. Pilatus wandte sich von Neuem an die Menschen und fragte: „Was soll ich mit dem machen, den ihr den König der Juden nennt?" Da schrien alle: „Kreuzige ihn!" Pilatus fragte: „Was hat er denn für ein Verbrechen begangen?" Da schrien die Menschen noch lauter: „Kreuzige ihn!" Daraufhin ließ Pilatus, um die Menge zufriedenzustellen, den Barabbas frei. Dann befahl er, Jesus zu geißeln und zu kreuzigen. Die Soldaten führten Jesus in den Palast des Statthalters. Sie legten ihm einen Purpurmantel um die Schultern und flochten ihm eine Dornenkrone. Diese setzten sie ihm auf und riefen: „Heil dir, König der Juden!" Dann schlugen sie ihn mit einem Stock auf den Kopf, spuckten ihn an und knieten höhnisch vor ihm nieder. So trieben sie mit ihm Spott. Dann zogen sie ihm den Purpurmantel aus und zogen ihm sein eigenes Gewand wieder an.

Matthäus 27,1–2.11–31a

Jesus leidet am Kreuz

Die Soldaten hatten Jesus verhöhnt und geschlagen. Nun führten sie ihn durch die Stra-
ßen der Stadt Jerusalem hinaus auf einen Berg
mit dem Namen Golgota, wo er gekreuzigt
werden sollte. Sie luden das schwere Kreuz einem Mann auf, der gerade von der Arbeit auf
dem Feld kam. Er hieß Simon aus Zyrene. Viele
Frauen folgten dem Zug, die um Jesus klagten
und weinten. Zusammen mit Jesus wurden
auch zwei Verbrecher nach Golgota geführt.
Golgota heißt auf Deutsch Schädelhöhe. Dort
kreuzigten sie Jesus und die Verbrecher, den
einen rechts, den anderen links von ihm. Jesus
aber betete: „Vater, vergib ihnen, denn sie
wissen nicht, was sie tun!"
Am Kreuz wurde eine Tafel
angebracht. Darauf war aufgeschrieben, was seine Schuld
sein sollte. Es stand darauf:
„Das ist Jesus, der König
der Juden."

Lukas 23,26–27.32–38

Jesus stirbt am Kreuz

Von der sechsten bis zur neunten Stunde des
Tages herrschte eine Finsternis im ganzen
Land.
Um die neunte Stunde schrie Jesus laut: „Mein
Gott, mein Gott, warum hast du mich verlas-
sen?" Die Sonne verdunkelte sich. Der Vorhang
im Tempel riss mitten entzwei und Jesus rief
laut: „Vater, in deine Hände befehle ich meinen
Geist." Dann starb er. Da bebte die Erde und

die Felsen spalteten sich. Der römische Hauptmann, der beim Kreuz stand und alles miterlebt hatte, sagte: „Wahrlich, dieser Mensch ist Gottes Sohn gewesen."

Gegen Abend kam ein reicher Mann aus Arimathäa namens Josef. Auch er war ein Jünger Jesu. Er ging zu Pilatus und bat ihn um den Leichnam Jesu.

Da befahl Pilatus, ihm den Leichnam zu geben. Josef nahm ihn und legte ihn, in ein Leinentuch gehüllt, in ein Felsengrab. Er wälzte einen großen Stein vor den Eingang des Grabes und ging weg.

Johannes 19,25–27; Matthäus 27,45–61

Die Botschaft des Engels am Grab Jesu

Die Hohenpriester und Pharisäer gingen am nächsten Tag zu Pilatus und sagten: „Das Grab muss bewacht werden. Sonst könnten die Jünger kommen und den Leichnam stehlen und dem Volk sagen: Er ist von den Toten auferstanden." Pilatus antwortete: „Ihr sollt eine Wache haben bis zum dritten Tag." Daraufhin ließen sie das Grab gut sichern. Sie versiegelten den Eingang und stellten eine Wache auf. Als der Sabbat vorüber war, kauften Maria von Magdala, Maria, die Mutter des Jakobus, und Salome Salböl. Sie wollten zum Grab gehen, um Jesu Leib zu salben. Am ersten Tag der Woche kamen sie frühmorgens, als eben die Sonne aufging, zum Grab. Unterwegs fragten sie einander: „Wer wird uns den Stein vom

Eingang des Grabes wegwälzen?" Als sie an das Grab kamen, sahen sie, dass der Stein weggewälzt war. Die Frauen gingen in das Grab hinein und sahen auf der rechten Seite einen jungen Mann in weißen Kleidern sitzen. Da erschraken sie sehr. Der Engel aber sagte zu ihnen: "Erschreckt nicht! Ihr sucht Jesus von Nazaret, der am Kreuz starb. Er ist nicht hier. Er ist auferstanden. Seht, an dieser Stelle hat sein Leib gelegen. Kehrt um und sagt seinen Jüngern und besonders dem Petrus, dass er euch vorausgeht nach Galiläa. Dort werdet ihr ihn sehen, so wie er euch gesagt hat." Da wandten sich die Frauen um und verließen vol Angst und Schrecken das Grab. Sie erzählten niemandem davon, denn sie fürchteten sich.

Matthäus 27,62–66; Markus 16,1–8

Auf dem Weg nach Emmaus

Am gleichen Tag wanderten zwei Jünger nach Emmaus. Sie sprachen darüber, was sich in Jerusalem ereignet hatte. Da trat Jesus auf sie zu und schloss sich ihnen an. Aber sie waren wie mit Blindheit geschlagen und erkannten ihn nicht. Er fragte sie: „Worüber sprecht ihr?" Traurig blieben sie stehen und Kleopas, der eine von ihnen, erzählte ihm, was in Jerusalem geschehen war.

Da sagte Jesus zu ihnen: „Versteht ihr denn nicht? Der Messias musste so leiden und zu seiner Herrlichkeit auferstehen, wie die Propheten es vorausgesagt haben." Und er erklärte ihnen,

was in der Heiligen Schrift über den Messias geschrieben steht.

Als die Sonne unterging, kamen sie in Emmaus an. Jesus tat so, als wollte er weitergehen.

Da baten ihn die Jünger: „Herr, bleibe bei uns, denn

es will Abend werden und der Tag hat sich ge-
neigt!" Da ging Jesus mit zu ihnen hinein. Als
er mit ihnen am Tisch saß, nahm er das Brot,
sprach den Segen, brach das Brot und gab es
ihnen. Da gingen ihnen die Augen auf und sie
erkannten Jesus. Er aber entzog sich ihren Bli-
cken. Darauf sagten sie zueinander: „Brannte
uns nicht unser Herz, als er auf dem Weg mit
uns ging und uns die Heilige Schrift erklärte?"

Lukas 24,13–35

Der Geist Gottes kommt

Die Jünger saßen mit Maria, der Mutter Jesu, in einem Saal in Jerusalem zusammen,
um zu beten und Gott zu danken. Da kam
plötzlich der Heilige Geist wie ein Feuer vom
Himmel auf sie herab. Die Jünger begannen, in
verschiedenen Sprachen zu rufen: „Jesus lebt!
Jesus hat uns lieb! Jesus ist unser Freund!"

Apostelgeschichte 2,1–13

Bibliografische Information der Deutschen Nationalbibliothek
Die Deutsche Nationalbibliothek verzeichnet diese Publikation in
der Deutschen Nationalbibliografie; detaillierte bibliografische
Daten sind im Internet über http://dnb.d-nb.de abrufbar.

Besuchen Sie uns im Internet:
www.st-benno.de

Gern informieren wir Sie unverbindlich und aktuell
auch in unserem Newsletter zum Verlagsprogramm,
zu Neuerscheinungen und Aktionen.
Einfach anmelden unter www.st-benno.de.

ISBN 978-3-7462-4796-0

© St. Benno Verlag GmbH, Leipzig
Umschlaggestaltung: Ulrike Vetter, Leipzig
Umschlagmotive: © greenpapillon/Fotolia.de,
© fat–fa–tin/Shutterstock.com (Engel)
Alle Illustrationen: © Ursula Harper, München
S. 28: © npine/Shutterstock.com
S. 31: © fuzzylogickate/Fotolia.de (Pyramiden)
Layout und Gesamtherstellung: Arnold & Domnick, Leipzig (A)